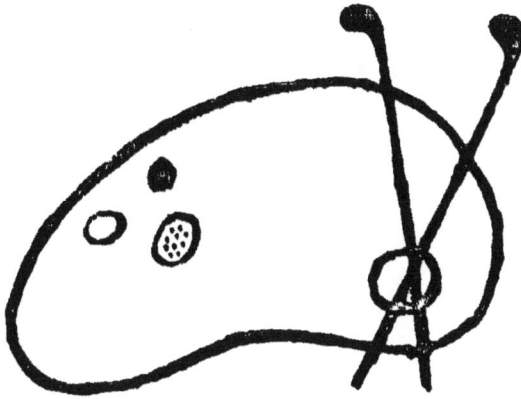

Début d'une série de documents
en couleur

COUVERTURES SUPERIEURE ET INFERIEURE D'IMPRIMEUR

Fin d'une série de documents
en couleur

CONTES CHOISIS

—

7e SÉRIE IN-12

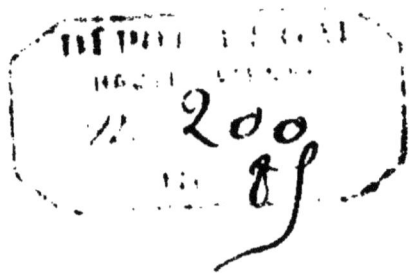

Il se remit à jouer.   (P. 21.)

7e in-12.

LES FRÈRES GRIMM

CONTES CHOISIS

DE LA FAMILLE

TRADUIT DE L'ALLEMAND.

LIMOGES

EUGÈNE ARDANT ET Cie, ÉDITEURS.

CONTES
DE LA FAMILLE

LE LOUP ET L'HOMME.

Le renard fit un jour au loup des récits merveilleux de la force de l'homme; il n'est pas un seul des animaux, dit-il, qui puisse lui résister, et tous ont besoin de recourir à la ruse pour échapper à ses coups.

Le loup répondit au renard d'un air fanfaron :

— Je voudrais bien qu'un heureux hasard me fît rencontrer un homme; tous tes beaux discours ne m'empêcheraient pas de l'aborder en face.

— Si tel est ton désir, répliqua le renard, il me sera facile de te fournir l'occasion que tu parais poursuivre. Viens me trouver demain de bon matin, et je te montrerai celui que tu cherches.

Le loup se trouva à l'heure convenue au rendez-vous, et maître renard le conduisit par des détours à lui familiers, jusqu'au chemin qu'un chasseur avait coutume de prendre tous les jours. Le premier individu qui se présenta fut un vieux

soldat, congédié depuis longtemps.

— Est-ce là un homme? de-
manda le loup.

— Non, répondit le renard,
c'en était un autrefois.

Après le soldat, un petit
garçon qui se rendait à l'école
apparut sur le chemin.

Le loup demanda de nou-
veaux :

— Est-ce là un homme?

— Non, mais ç'en sera un
plus tard.

Enfin arriva le chasseur, son
fusil à deux coups sur le dos
et son couteau de chasse au
côté.

Maître renard s'adressant
au loup :

—Cette fois, celui que tu vois
venir est bien un homme ; voici
le moment de l'aborder en face ;
quant à moi, tu ne trouveras
pas mauvais que j'aille me re-
poser un peu dans ma tanière.

Ainsi qu'il l'avait dit, le loup
marcha droit à la rencontre du
chasseur ; à sa vue, celui-ci
se dit en lui même :

— Quel dommage que je n'aie
pas chargé mon fusil à balles !

Il mit en joue, et envoya
tout son petit plomb dans le
visage de messire loup, qui fit
une grimace affreuse, et continua cependant d'avancer sans se
laisser intimider. Le chasseur
lui adressa une seconde dé-
charge. Le loup supporta sa

douleur en silence et s'élança d'un bond sur le chasseur ; mais celui-ci tira du fourreau sa lame acérée, et lui en porta dans les flancs de si rudes coups que le pauvre animal, renonçant à sa vengeance, prit la fuite et retourna tout sanglant vers le renard.

—Eh bien, lui cria le rusé compère, du plus loin qu'il l'aperçut, comment t'es-tu tiré de ta rencontre avec l'homme ?

— Ne me le demande pas, répondit le loup tout confus, je ne me serais jamais fait une telle idée de la force de l'homme ; il commença par prendre un bâton qu'il portait sur le dos, souffla par un bout et m'envoya au visage une certaine poussière qui m'a chatouillé de la manière la plus désagréable du monde; puis il souffla une seconde fois dans son bâton, et je crus recevoir dans le nez une pluie de grêlons et d'éclairs; enfin, lorsque je fus parvenu tout près de lui, il tira de son corps une blanche côte, et m'en asséna des coups si violents, que peu s'en est fallu que je ne restasse mort sur la place.

— Cela te prouve, répondit le renard, que l'on ne gagne pas toujours à faire le fanfaron, et qu'il ne faut jamais promettre plus qu'on ne peut tenir.

LE VIOLON MERVEILLEUX.

Il était une fois un ménétrier qui avait un violon merveilleux. Ce ménétrier se rendit un jour tout seul dans une forêt, laissant errer sa pensée ça et là ; et quand il ne sut plus à quoi songer, il se dit :

— Le temps commence à me sembler long dans cette forêt ; je veux faire en sorte qu'il m'arrive un bon compagnon.

En conséquence, il prit son violon qu'il portait sur le dos, et se mit à jouer un air qui réveilla mille échos dans le feuillage. Il n'y avait pas longtemps qu'il jouait, lorsqu'un

loup vint en tapinois derrière
les arbres.

— Ciel! voilà un loup! ce
n'est point là le compagnon que
je désire, pensa le ménétrier.

Cependant le loup s'approcha,
et lui dit :

— Eh! cher ménétrier, que
tu joues bien! ne pourrais-je
pas aussi apprendre ton art?

— La chose est facile, répondit le ménétrier ; il suffit pour
cela que tu fasses exactement
tout ce que je te dirai.

— Oh! cher ménétrier, reprit
le loup, je veux t'obéir, comme
un écolier obéit à son maître.

Le musicien lui enjoignit de
le suivre, et lorsqu'ils eurent
fait un bout de chemin, ils

arrivèrent au pied d'un vieux chêne qui était creux et fendu par le milieu.

— Tu vois cet arbre, dit le ménétrier; si tu veux apprendre à jouer du violon, il faut que tu places tes pattes de devant dans cette fente.

Le loup obéit; mais le musicien ramassa aussitôt une pierre et en frappa avec tant de force les deux pattes du loup, qu'elles s'enfoncèrent dans la fente, et que le pauvre animal dut rester prisonnier.

— Attends-moi jusqu'à ce que je revienne, ajouta le ménétrier.

Et il continua sa route.

Il avait à peine marché pendant quelques minutes, qu'il se prit à penser de nouveau :

— Le temps me semble si long dans cette forêt, que je vais tâcher de m'attirer un autre compagnon.

En conséquence, il prit son violon, et joua un nouvel air. Il n'y avait pas longtemps qu'il jouait, lorsqu'un renard arriva en tapinois à travers les arbres.

— Ah ! voilà un renard, se dit le musicien ; ce n'est pas là le compagnon que je désire.

Le renard s'approcha, et lui dit :

— Eh cher musicien, que tu joues bien ! Je voudrais bien apprendre ton art.

— La chose est facile, répondit

le musicien ; il suffit pour cela que tu fasses exactement tout ce que je te dirai.

— Oh ! cher musicien, reprit le renard, je te promets de t'obéir, comme un écolier obéit à son maître.

— Suis-moi, dit le ménétrier.

Quand ils eurent marché pendant quelques minutes, ils arrivèrent à un sentier bordé des deux côtés par de hauts arbustes. En cet endroit, le musicien s'arrêta, saisit d'un côté du chemin un noisetier qu'il inclina contre terre, mit le pied sur sa cime ; puis de l'autre côté, il en fit de même avec un autre arbrisseau ; après quoi, s'adressant au renard :

—Maintenant, camarade, s'il est vrai que tu veuilles apprendre quelque chose, avance ta patte gauche.

Le renard obéit, et le musicien lui lia la patte à l'arbre de gauche.

—Renard, mon ami, lui dit-il ensuite, avance maintenant ta patte droite.

L'animal ne se le fit pas dire deux fois, et le ménétrier lui lia cette patte à l'arbre de droite. Cela fait, il lâcha les deux arbustes qui se redressèrent soudain, emportant avec eux dans l'air le renard qui resta suspendu et se débattit vainement.

— Attends-moi jusqu'à ce que je revienne, dit le musicien.

Et il continua sa route.

Il ne tarda pas à penser pour la troisième fois:

— Le temps me semble long dans cette forêt; il faut que je tâche de me procurer un autre compagnon.

En conséquence, il prit son violon, et les accords qu'il en tira retentirent à travers le bois. Alors arriva, à bonds légers, un levraut.

—Ah! voilà un levraut, se dit le musicien. Ce n'est pas là le compagnon que je désire.

—Eh! cher musicien, dit le levraut, que tu joues bien! je voudrais bien apprendre ton art.

—La chose est facile, répondit le ménétrier; il suffit pour cela

que tu fasses exactement tout
ce que je te dirai.

— Oh ! cher musicien, reprit
le levraut, je te promets de t'o-
béir comme un écolier obéit à
son maître.

Ils cheminèrent quelque temps
ensemble, puis ils arrivèrent à
un endroit moins sombre du bois
où se trouvait un peuplier. Le
musicien attacha au cou du levraut une longue corde qu'il
noua au peuplier par l'autre
bout.

— Maintenant alerte ! ami levraut, fais-moi vingt fois en
sautant le tour de l'arbre.

Le levraut obéit ; et quand il
eut fait vingt fois le tour
commandé, la corde était en-

roulée vingt fois autour de l'arbre, si bien que le levraut se trouva captif, et il eut beau tirer de toutes ses forces, il ne réussit qu'à se meurtrir le cou avec la corde.

— Attends-moi jusqu'à ce que je revienne, dit le musicien.

Et il poursuivit sa route.

Cependant à force de tirer, de s'agiter, de mordre la pierre et de travailler en tous sens, le loup avait fini par rendre la liberté à ses pattes en les retirant de la fente, Plein de colère et de rage, il se mit à la poursuite du musicien qu'il se promettait de mettre en pièces. Lorsque le renard l'aperçut qui arrivait au galop, il se prit à gémir et à crier de toutes ses forces :

— Frère loup, viens à mon
secours ! le musicien m'a trompé.

Le loup inclina les deux arbustes, rompit les cordes d'un
coup de dent, et rendit la liberté
au renard qui le suivit, impa-
tient aussi de se venger du musicien. Ils rencontrèrent bientôt
le pauvre levraut, qu'ils déli-
vrèrent également, et tous les
trois se mirent à la poursuite
de l'ennemi commun.

Or, en continuant son chemin,
le ménétrier avait une quatrième
fois joué de son violon merveilleux ; pour le coup il avait mieux
réussi. Les accords de son
instrument étaient arrivés jusqu'aux oreilles d'un pauvre bû-

cheron, qui, séduit par cette douce musique, abandonna sa besogne, et, la hache sous le bras, s'empressa de courir vers l'endroit d'où partaient les sons.

— Voilà donc enfin le compagnon qu'il me faut! dit le musicien; car je cherchais un homme et non des bê.es sauvages.

Puis il se remit à jouer d'une façon si harmonieuse et si magique, que le pauvre homme resta là immobile comme sous l'empire d'un charme, et que son cœur déborda de joie. C'est en ce moment qu'arrivèrent le loup, le renard et le levraut. Le bûcheron n'eut pas de peine à remarquer que ses cama-

rades n'avaient pas les meilleu-
res intentions. En conséquence,
il saisit sa hache brillante et se
plaça devant le musicien, d'un
air qui voulait dire :

— Celui qui en veut au ménétrier fera bien de se tenir sur
ses gardes, car il aura affaire
à moi.

Aussi la peur s'empara-t-elle
des animaux conjurés, qui
retournèrent en courant dans la
forêt. Le musicien témoigna sa
reconnaissance au bûcheron en
lui jouant encore un air mélo-
dieux, puis il s'éloigna.

———

LE RENARD ET LES OIES.

Un jour qu'il rôdait selon sa coutume, maître renard arriva dans une prairie où une troupe de belles oies bien grasses se prélassait au soleil.

A cette vue, notre chercheur d'aventures poussa un éclat de rire effrayant, et s'écria :

— En vérité, je ne pouvais venir plus à propos ! vous voilà alignées d'une façon si commode, que je n'aurai guère besoin de me déranger pour vous croquer l'une après l'autre.

A ces mots, les oies épouvantées poussèrent des cris lamentables et supplièrent le renard de vouloir bien se laisser toucher et de ne point leur ôter la vie.

Elles eurent beau dire et beau faire, maitre renard resta iné-branlable.

— Il n'y a pas de grâce possible, répondit-il, votre dernière heure a sonné.

Cet arrêt cruel donna de l'esprit à l'une des oies qui, prenant la parole au nom de la troupe :

— Puisqu'il nous faut, dit-elle, renoncer aux douces voluptés des prés et des eaux, soyez assez généreux pour nous accorder la dernière faveur qu'on ne refuse jamais à ceux qui doivent mourir; promettez de ne nous ôter la vie que lorsque nous aurons achevé notre prière; ce devoir accompli, nous nous mettrons sur une ligne, de façon à ce que vous puissiez dévorer successivement les plus grasses d'entre nous.

— J'y consens, répondit le renard; votre demande est trop juste pour n'être point accueillie : commencez donc votre prière; j'attendrai qu'elle soit finie.

Aussitôt, une des oies entonna une interminable prière, un peu monotone à la vérité, car elle ne cessait de dire : caa–caa–caa. Et comme, dans son zèle, la pauvre bête ne s'interrompait jamais, la seconde oie entonna le même refrain, puis la troisième, puis la quatrième, puis enfin toute la troupe, de sorte qu'il n'y eut bientôt plus qu'un concert de caa–caa–caa!

Et maître renard qui avait donné sa parole, dut attendre qu'elles eussent fini leur caquetage.

Nous devrons faire comme lui pour connaître la suite de ce conte. Par malheur, les oies caquettent encore toujours, d'où je conclus qu'elles ne sont pas aussi bêtes qu'on veut bien le dire.

———

LE RENARD ET LE CHAT.

Un jour le chat rencontra messire le renard au fond d'un bois, et comme il le connaissait pour un personnage adroit, expérimenté, et fort en crédit dans le monde, il l'aborda avec une grande politesse :

— Bonjour, monsieur le renard, lui dit-il ; comment vous portez vous? êtes-vous content de vos affaires? comment faites-vous dans ce temps de disette?

Le renard, tout gonflé d'orgueil, toisa de la tête aux pieds le pauvre chat, et sembla se demander pendant quelques instants s'il daignerait l'honorer d'une réponse. Il s'y décida pourtant à la fin :

— Pauvre hère que tu es! répliqua-t-il d'un ton de mépris, misérable meurt-de-faim, infime et ridicule chasseur de souris, d'où te vient aujourd'hui tant d'audace? Tu oses te faire l'honneur de me demander comment je me porte? Mais pour te permettre de me questionner, quelles sont donc les connaissances que tu possèdes? de combiem d'arts connais-tu les secrets?

— Je n'en connais qu'un seul, répondit le chat d'un air modeste et confus.

— Et quel est cet art? demanda le renard avec arrogance.

— Quand les chiens sont à ma poursuite, repartit le chat, je sais leur échapper en grimpant sur un arbre.

— Est-ce là tout? reprit le renard. Moi, je suis passé docteur en cent arts divers; mais ce n'est rien encore : je possède en outre un sac tout rempli de ruses. En vérité, j'ai compassion de toi; suis-moi, et je t'apprendrai comment on échappe aux chiens.

Comme il achevait ces mots, un chasseur, précédé de quatre dogues vigoureux, parut au bout du sentier. Le chat s'empressa de sauter sur un arbre, et alla se fourrer dans les branches les plus touffues, si bien qu'il était entièrement caché.

Hâtez-vous de délier votre sac! hâtez-vous d'ouvrir votre sac! criat-il au renard.

Mais déjà les chiens s'étaient précipités sur ce dernier, et le tenaient entre leurs crocs.

— Eh! monsieur le renard, cria de nouveau le chat, vous voilà bien embourbé avec vos cent arts divers! Si vous n'aviez su que grimper comme moi, vous seriez en ce moment un peu plus à votre aise.

LE SOLEIL QUI REND TÉMOIGNAGE.

Un ouvrier tailleur voyageait de ville en ville pour se perfectionner dans son état. Les temps devinrent si difficiles, qu'il ne put plus trouver d'ouvrage, et qu'il tomba dans une misère profonde. Dans cette extrémité, il rencontra un juif au milieu d'un bois touffu; et chassant de son cœur la pensée de Dieu, il le saisit au collet et lui dit :

— La bourse, ou la vie!

Le juif répondit :

— De grâce, laissez-moi la vie; je ne suis d'ailleurs qu'un pauvre juif, et je n'ai que deux sous pour toute fortune.

— Le tailleur crut que le juif lui en imposait; et il reprit :

— Tu ments; je suis sûr que ta bourse est bien garnie.

En achevant ces mots, il fondit sur le pauvre juif et lui asséna des coups si violents, que le malheureux tomba expirant contre terre. Sur le point de rendre le dernier soupir, le juif recueillit le peu qui lui restait de forces pour prononcer ces paroles :

— Le soleil qui a vu ton crime, saura bien en rendre témoignage!

Et le pauvre juif avait cessé d'exister.

Aussitôt l'ouvrier tailleur se mit à fouiller dans les poches de sa victime, mais il eut beau les retourner en tous sens, il n'y trouva que les deux sous annoncés par le juif.

Alors, il souleva le corps et alla le cacher derrière un buisson;

après quoi, il poursuivit sa route, à la recherche d'une place.

Quand il eut voyagé long-temps de la sorte, il finit par trouver à s'employer dans une ville chez un maître tailleur qui avait une très-belle fille. Le jeune apprenti ne tarda pas à en devenir épris, la demanda en mariage, et l'épousa. Et ils vé-curent heureux.

Longtemps après, son beau-père et sa belle mère mou-rurent, et le jeune couple hé-rita de leur maison. Un matin, tandis que notre tailleur était assis, les deux jambes croisées sur la table, et regardait par la fenêtre, sa femme lui apporta son café. Il en versa une partie dans sa soucoupe, et comme il se disposait à boire, un rayon de soleil vint se jouer à la surface de la liqueur, puis remonta vers les bords en traçant des dessins fantastiques.

Le tailleur, à qui sa conscience rappelait sans cesse les dernières paroles du juif, marmotta entre ses dents :

— Voilà un rayon qui voudrait bien rendre témoignage, mais il lui manque la voix !

— Que murmures-tu là dans ta barbe ? lui demanda avec étonnement sa femme.

Le tailleur fort embarrassé par cette question, répondit:

— Ne le demande pas; c'est un secret.

Mais la femme reprit :

— Entre nous il ne doit pas y avoir place pour un secret. Tu me confieras celui-ci, ou je croirai que tu ne m'aimes pas.

Et la femme accompagna cette réponse insidieuse des plus belles promesses de discrétion : elle ensevelirait ce secret dans son sein ; elle ne lui en parlerait même jamais plus. Bref, elle fit si bien, que le tailleur lui avoua que jadis, dans ses années de compagnonnage, un jour, égaré par la misère et la faim, il avait fait tomber sous ses coups, pour le dévaliser, un malheureux juif ; et qu'au moment de rendre le dernier soupir, ce juif lui avait dit :

— Le soleil qui a vu ton crime saura bien en rendre témoignage !

— Et c'est à quoi je faisais allusion tout à l'heure, poursuivit le tailleur, en voyant le soleil s'évertuer à faire des ronds dans ma tasse ; mais je t'en supplie, veille bien sur ta langue ; songe qu'un seul mot pourrait me perdre.

La femme jura ses grands dieux qu'elle se montrerait digne de recevoir un secret.

Or, son mari s'était à peine remis au travail, qu'elle courut en toute hâte chez sa marraine, à qui elle raconta ce qu'elle venait d'apprendre, en lui recommandant bien de n'en confier mot à qui que ce soit. Le lendemain, ce secret était celui de la ville entière; si bien, que le tailleur fut cité à comparaître devant le juge, qui le condamna à la peine qu'il méritait.

Et c'est ainsi que le soleil, qui voit tous les crimes, finit toujours par en rendre témoignage.

LE DOCTEUR UNIVERSEL.

Il y avait une fois un paysan nommé Écrevisse. Ayant porté une charge de bois chez un docteur, il remarqua les mets choisis et les vins fins dont se régalait celui-ci, et demanda, en ouvrant de grands yeux, s'il ne pourrait pas aussi devenir docteur?

— Oui certes, répondit le savant; il suffit pour cela de trois choses : 1° procure-toi un abécédaire, c'est le principal; 2° vends ta voiture et tes bœufs pour acheter une robe et tout ce qui concerne le costume d'un docteur; 3° mets à ta porte une enseigne avec ces mots : Je suis le docteur universel.

Le paysan exécuta ces instructions à la lettre. A peine exerçait-il son nouvel état, qu'une somme d'argent fut volée à un riche seigneur du pays. Ce seigneur fait mettre les chevaux à sa voiture et vient demander à notre homme s'il est bien le docteur universel.

C'estmoi-même,monseigneur.

En ce cas, venez avec moi pour m'aider à retrouver mon argent.

— Volontiers, dit le docteur; mais Marguerite, ma femme, m'accompagnera.

Le seigneur y consentit, et les emmena tous deux dans sa voiture. Lorsqu'on arriva au château, la table était servie, le docteur fut invité à y prendre place.

— Volontiers, répondit-il encore; mais Marguerite, ma femme, y prendra place avec moi.

Et les voilà tous deux attablés.

Au moment où le premier domestique entrait, portant un plat de viande, le paysan poussa sa femme du coude, et lui dit :

— Marguerite, celui-ci est le premier.

Il voulait dire le premier plat; mais le domestique comprit : le premier voleur; et comme il l'était en effet, il prévint en tremblant ses camarades.

— Le docteur sait tout! notre affaire n'est pas bonne; il a dit que j'étais le premier!

Le second domestique ne se décida pas sans peine à entrer à son tour; à peine eut-il franchi la porte avec son plat, que le paysan, poussant de nouveau sa femme :

— Marguerite, voici le second.

Le troisième eut la même alerte, et nos coquins ne savaient plus que devenir. Le

quatrième s'avance néanmoins,
portant un plat couvert (c'étaient
des écrevisses). Le maître de
la maison dit au docteur :

—Voilà une occasion de montrer votre science. Devinez ce
qu'il y a là-dedans.

Le paysan examine le plat,
et, désespérant de se tirer
d'affaire :

—Hélas! soupire-t-il, pauvre
Écrevisse! (On se rappelle que
c'était son premier nom.)

A ces mots, le seigneur s'é-
crie :

— Voyez-vous, il a deviné!
Alors il devinera qui a mon
argent!

Aussitôt le domestique, éper-
du, fait signe au docteur de sortir

avec lui. Les quatre fripons lui
avouent qu'ils ont dérobé l'argent, mais qu'ils sont prêts à
le rendre et à lui donner une
forte somme s'il jure de ne les
point trahir; puis ils le condui-
sent à l'endroit où est caché le
trésor. Le docteur, satisfait,
rentre, et dit :

— Seigneur, je vais maintenant consulter mon livre, afin
d'apprendre où est votre argent.

Cependant un cinquième domestique s'était glissé dans la
cheminée pour voir jusqu'où
irait la science du devin. Celui-ci
feuillette en tous sens son abécédaire, et ne pouvant y trouver
un certain signe :

— Tu es pourtant là dedans,

s'écrie-t-il avec impatience, et, il faudra bien que tu en sortes.

Le valet, s'échappe de la cheminée, se croyant découvert, et crie avec épouvante :

— Cet homme sait tout?

Bientôt le docteur montra au seigneur son argent, sans lui dire qu'il l'avait soustrait; il reçut de part et d'autre une forte récompense, et fut désormais un homme célèbre.

———

LA DOUCE BOUILLIE

Une fille, pauvre mais vertueuse et craignant Dieu, vivait seule avec sa vieille mère. Leur misère était devenue si grande qu'elles se voyaient sur le point de mourir de faim.

Dans cette extrémité, la pauvre fille, toujours confiante en Dieu, sortit de leur misérable cabane, et pénétra dans le bois voisin.

Elle ne tarda pas à rencontrer une vieille femme qui, devinant (c'était une fée) la détresse de la jeune fille, lui donna un petit pot, bien précieux vraiment.

— Tu n'auras qu'à prononcer ces trois mots, dit la vieille: « petit pot, cuis! » Il se mettra aussitôt à te faire une douce et excellente bouillie de millet; et quand tu auras dit: « petit pot, arrête-toi! » Il s'arrêtera sur-le-champ.

La jeune fille s'empressa

d'apporter à sa mère ce pot merveilleux. A partir de ce moment, l'indigence et la faim quittèrent leur humble cabane, et elles purent se régaler de bouillie tout à leur aise.

Il arriva qu'un jour la jeune filledut aller faire une course horsdu village. Pendant son absence la mère eut faim, et se hâta de dire :

— Petit pot, cuis

Petit pot ne se le fit pas répéter, et la vieille eut bientôt mangétout son soûl ; alors, la bonne femme voulut arrêter le zèle producteur du petit pot. Mais par malheur elle ignorait les mots qu'il fallait prononcer pour cela. Maître petit pot continua donc de cuire.

de cuire toujours plus et plus fort, si bien que la bouillie ne tarda pas à déborder du vase, puis à remplir la cuisine, puis à inonder la maison, puis la maison d'à côté, puis une autre, puis encore une autre, puis enfin toute la rue; et du train dont il y allait, on eût dit qu'il voulait noyer le monde entier.

Cela devenait d'autant plus effrayant, que personne ne savait comment s'y prendre pour arrêter ce déluge.

Heureusement qu'à la fin, comme il ne restait plus dans tout le village qu'une seule maison qui ne fût pas devenue la proie de la bouillie, la jeune fille revint et s'écria:

— Petit pot! arrête-toi!

Et aussitôt petit pot s'arrêta.

Les habitants du village, qui désirèrent rentrer dans leurs maisons, n'en durent pas moins avaler beaucoup plus de bouillie qu'ils n'en voulaient.

Ce conte prouve qu'on fait toujours mal ce qu'on ne sait qu'à demi.

LE LOUP ET LE RENARD

Certain loup s'était fait le compagnon de certain renard, et les moindres désirs de sa seigneurie le loup devenaient des ordres pour son très-humble serviteur le renard, car celui-ci était le plus faible. Aussi désirait-il de tout son cœur pouvoir se débarrasser d'un camarade aussi gênant.

Tout en rôdant de compagnie, ils arrivèrent un jour dans une forêt profonde.

— Ami à barbe rouge, lui dit le loup, mets-toi en quête de me procurer un „bon morceau; sinon, je te croque.

Maître renard s'empressa de répondre:

— Seigneur loup, je sais à peu de distance d'ici une étable où se trouvent deux agneaux friands; si le cœur vous en dit, nous irons en dérober un.

La proposition plut au loup. En conséquence, nos deux compagnons se dirigèrent vers la

ferme indiquée; le rusé renard
parvint sans peine à dérober un
des agneaux qu'il s'empressa
d'apporter au loup; puis il
s'éloigna.

Aussitôt le loup se mit en
devoir de dévorer à belles dents
l'innocente bête; et quand il eut
fini, ce qui ne tarda guère, ne
se sentant pas encore suffisam-
ment repu, il se prit à penser
que ce ne serait pas trop du
second agneau pour apaiser sa
faim. Il se décida donc à entre-
prendre lui–même cette nou-
velle expédition.

Or, comme sa seigneurie était
un peu lourde, elle renversa un
balai en entrant dans l'étable, si
bien que la mère du pauvre

agneau poussa aussitôt des bêle-
ments si déchirants, que le fer-
mier et ses garçons accoururent
en toute hâte. Maître loup passa
alors un mauvais quart d'heure:
il sentit pleuvoir sur son dos
une grêle de coups si drue, qu'il
eut toutes les peines du monde
à se sauver en boîtant, et en
hurlant de la manière la plus
lamentable.

Arrivé près du renard:

— Tu m'as conduit dans un
beau guêpier, lui dit-il; j'avais
voulu m'emparer du deuxième
agneau; mais est-ce que ces
paysans mal appris ne se sont
pas avisés de fondre sur moi à
grands coups de bâton, ce qui

m'a réduit au fâcheux état où tu me vois.

— Pourquoi aussi êtes-vous si insatiable? répondit le renard.

Le jour suivant, ils se remirent en campagne, et s'adressant à son rusé compagnon:

— Ami à barbe rouge, lui dit le loup, mets-toi en quête de me procurer un bon morceau, sinon je te croque.

Maître renard s'empressa de répondre:

— Seigneur loup, je connais une ferme dont la fermière est présentement occupée à faire des gâteaux délicieux; si vous voulez, nous irons en dérober quelques-uns?

— Marche en avant, répliqua le loup.

Ils se dirigèrent donc vers la ferme en question, et quand ils y furent arrivés, le renard poussa des reconnaissances autour de la place qu'il s'agissait d'enlever. Il fureta si bien, qu'il finit par découvrir l'endroit où la ménagère cachait ses gâteaux, en déroba une demi-douzaine, et courut les porter au loup.

— Voilà de quoi régaler votre seigneurie, dit-il.

Puis il s'éloigna.

Le loup ne fit qu'une bouchée des six gâteaux qui, loin de le rassasier, aiguillonnèrent encore son appétit.

— Cela demanda a être goûté

plus à loisir! rumina-t-il.

En conséquence, il entra dans la ferme d'où il avait vu sortir le renard, et parvint dans l'office où se trouvaient les gâteaux. Mais dans son avidité, il voulut tirer à lui tout le plat qui tomba sur le carreau, et vola en pièces en occasionnant un grand fracas.

Attirée soudain par un tel vacarme, la fermière aperçut le loup et appela ses gens. Ceux-ci accoururent sur-le-champ, et cette fois encore maître loup fut rossé d'importance.

Boîtant de deux pattes et poussant des hurlements capables d'attendrir un rocher, il rejoignit le renard dans la forêt :

— Dans quel horrible guêpier

m'as-tu de nouveau conduit? lui dit-il. Il se trouvait là des rustres qui m'ont cassé leurs bâtons sur le dos.

— Pourquoi votre seigneurie est-elle si insatiable? répondit le renard.

Le lendemain, les deux compagnons se mirent pour la troisième fois en campagne, et, bien que le loup ne pût encore marcher que clopin clopant, s'adressant de nouveau au renard :

— Ami à la barbe rouge, lui dit-il, mets-toi en quête de me procurer un bon morceau; sinon je te croque.

Le renard s'empressa de répondre.

— Je connais un homme qui

vient de saler un porc; le lard savoureux se trouve en ce moment dans un tonneau de sa cave; si vous voulez, nous irons en prélever notre part?

— J'y consens, répliqua le loup, mais j'entends que nous y allions ensemble, pour que tu puisses me prêter secours en cas de malheur.

— De tout mon cœur, reprit le rusé renard.

Et il se mit immédiatement en devoir de conduire le loup par une foule de détours et de sentiers jusque dans la cave annoncée.

Ainsi que le renard l'avait prédit, jambon et lard se trouvaient là en abondance. Le loup fut bientôt à l'œuvre :

— Rien ne nous presse, dit-il, donnons-nous-en donc tout à notre aise !

Maître renard se garda bien d'interrompre son compagnon dans ses fonctions gloutonnes: mais quant à lui, il eut toujours l'œil et l'oreille au guet; de plus, chaque fois qu'il avait avalé un morceau, il s'empressait de courir à la lucarne par laquelle ils avaient pénétré dans la cave, afin de prendre la mesure de son ventre.

Étonné de ce manége, le loup lui dit entre deux coups de dents.

— Ami renard, explique-moi donc pourquoi tu perds ainsi ton

temps à courir de droite à gauche, puis à passer et à repasser par ce trou?

— C'est pour m'assurer que personne ne vient, reprit le rusé renard. Que votre seigneurie prenne seulement garde de se donner une indigestion.

—Je ne sortirai d'ici, répliqua le loup, que lorsqu'il ne restera plus rien dans le tonneau.

Dans l'intervalle, arriva le paysan, attiré par le bruit que faisaient les bonds du renard. Ce dernier n'eut pas plutôt aperçu notre homme, qu'en un saut il fut hors de la cave; sa seigneurie le loup voulut le suivre, mais par malheur, il avait

tant mange que son ventre ne
put passer par la lucarne, et
qu'il y resta suspendu. Le paysan
eut donc tout le temps d'aller
chercher une fourche dont il
perça le pauvre loup.

Sans sa gloutonnerie, se dit
le renard, en riant dans sa barbe,
je ne serais pas encore débar-
rassé de cet importun compagnon.

LA CHOUETTE.

Il y a environ quelques siè-
cles, lorsque les hommes n'é-
taient pas encore aussi fins
et aussi rusés qu'ils le sont
aujourd'hui, il arriva une sin-
gulière histoire dans je ne sais

plus qu'elle petite ville, fort peu familiarisée, comme on va le voir, avec les oiseaux nocturnes.

A la faveur d'une nuit très-obscure, une chouette, venue d'une forêt voisine, s'était introduite dans la grange d'un habitant de la petite ville en question, et, quand reparut le jour, elle n'osa pas sortir de sa cachette, par crainte des autres oiseaux qui n'auraient pas manqué de la saluer d'un concert de cris menaçants.

Or, il arriva que le domestique vint chercher une botte de paille dans la grange; mais à la vue des yeux ronds et brillants de la chouette tapie dans un coin, il fut saisi de

frayeur, qu'il prit ses jambes
à son cou, et courut annoncer
à son maître qu'un monstre
comme il n'en avait encore
jamais vu se tenait caché dans
la grange, qu'il roulait dans ses
orbites profondes des yeux
terribles, et qu'à coup sûr cette
bête avalerait un homme sans
cérémonie et sans difficulté.

—Je te connais, beau masque,
lui répondit son maître; s'il ne
s'agit que de faire la chasse aux
merles dans la plaine, le cœur
ne te manque pas; mais aper-
çois-tu un pauvre coq étendu
mort contre terre, avant de t'en
approcher, tu as soin de t'armer
d'un bâton. Je veux aller voir
moi-même à quelle espèce de

monstre nous allons avoir affaire.

Cela dit, notre homme pénétra d'un pied hardi dans la grange, et se mit à regarder en tous sens.

Il n'eut pas plutôt vu de ses propres yeux l'étrange et horrible bête, qu'il fut saisi d'un effroi pour le moins égal à celui de son domestique. En deux bonds il fut hors de la grange, et courut prier ses voisins de vouloir bien lui prêter aide et assistance contre un monstre affreux et inconnu :

— Il y va de votre propre salut, leur dit-il; car si ce terrible animal parvient à s'évader de ma grange, c'en est fait de la ville entière!

En moins de quelquesminutes. des cris d'alarme retentirent par toutes les rues; les habitants arrivèrent armés de piques, de fourches et de faux, comme s'il se fût agi d'une sortie contre l'ennemi; puis enfin parurent, en grand costume et revêtus de leur écharpe, les conseillers de la commune avec le bourgmestre en tête. Après s'être mis en rang sur la place, ils s'avancèrent militairement vers la grange qu'ils cernèrent de tous côtés. Alors le plus courageux de la troupe sortit du cercle, et se risqua à pénétrer dans la grange, la pique en avant; mais on l'en vit ressortir aussitôt à toutes jambes, pâle comme la mort, et poussant de grands cris.

Deux autres bourgeois intré-
pides osèrent encore après lui
tenter l'aventure, mais ils ne
réussirent pas mieux.

A la fin, on vit se présenter
un homme d'une stature colos-
sale et d'une force prodigieuse.
C'était un ancien soldat qui, par
sa bravoure, s'était fait une réputation à la guerre.

— Ce n'est pas en allant vous
montrer les uns après les autres,
dit-il, que vous parviendrez à
vous débarrasser du monstre;
il s'agit ici d'employer la force,
mais je vois avec peine que la
peur a fait de vous autant de
femmes.

Cela dit, notre valeureux guerrier se fit apporter cuirasse, glaive et lance, puis il s'arma en guerre.

Chacun vantait son courage, quoique presque tous fussent persuadés qu'il courait à une mort certaine.

Les deux portes de la grange furent ouvertes, et l'on put voir alors la chouette qui était allée se poser sur une poutre du milieu. Le soldat se décida à monter à l'assaut. En consé-quence, on lui apporta une échelle qu'il plaça contre la poutre.

Au moment où il s'apprêtait à monter, ses camarades lui crièrent en cœur de se conduire en homme; puis, ils le recommandèrent à saint Georges qui, chacun le sait, dompta jadis le dragon.

Quand il fut parvenu aux trois quarts de l'échelle, la chouette qui s'aperçut qu'on en voulait à sa noble personne, et que d'ailleurs les clameurs de la foule avait effarouchée, ne sachant de quel côté s'enfuir, se mit soudain à rouler de grands yeux, hérissa ses plumes, déploya ses vastes ailes, déserra son bec hideux, et poussa trois cris sauvages, d'une voix rauque et effrayante.

— Frappez-la de votre lance ! s'écrièrent au même instant du dehors les bourgeois électrisés.

— Je voudrais bien vous voir

à ma place, répondit le belliqueux aventurier; je gage qu'alors vous ne seriez pas si braves.

Toutefois, il monta encore d'un degré sur l'échelle; après quoi, la peur s'empara de lui, si bien qu'il lui resta tout au plus assez de force pour redescendre jusqu'au bas.

Dès lors, il ne se trouva plus personne pour affronter le danger.

— Au moyen de sa seule haleine et par la fascination de son regard, disaient-ils tous, cet horrible monstre a pénétré de son venin et blessé à mort le plus robuste d'entre nous; à quoi nous servirait donc de nous exposer à une mort certaine?

D'accord sur ce point, ils tinrent conseil à l'effet de savoir ce qu'il y avait à faire pour préserver la ville d'une ruine imminente. Pendant longtemps tous les moyens avaient été jugés insuffisants, lorsqu'enfin par bonheur le bourgmestre eut une idée.

— Mon avis est, dit ce respectable citoyen, que nous dédommagions, au nom de la commune, le propriétaire de cette grange; que nous lui payions la valeur de tous les sacs d'orge et de blé qu'elle renferme; puis, que nous y mettions le feu, aux quatre coins, ce qui ne coûtera la vie à personne. Ce n'est pas dans une circonstance aussi périlleuse qu'il faut se montrer avare des deniers publics; et d'ailleurs il s'agit ici du salut commun.

L'avis du bourgmestre fut adopté à l'unanimité.

En conséquence, le feu fut mis aux quatre coins de la grange, qui bientôt fut entièrement consumée, tandis que la chouette s'envolait par le toit.

Si vous doutez de la vérité de ce récit, allez sur les lieux vous en informer vous-même.

LES TROIS FRÉRES.

Un vieillard avait trois fils, mais comme il ne possédait pour tout bien qu'une maison, et que cette maison lui avait été léguée par son père, il ne pouvait se résoudre à la vendre pour en partager le produit entre ses enfants. Dans cette incertitude, il lui vint une bonne idée :

—Risquez-vous par le monde, leur dit-il un jour ; allez apprendre chacun un métier qui vous fasse vivre, et, votre apprentissage terminé, hâtez-vous de revenir ; celui qui me donnera alors la preuve la plus convaincante de son savoir-faire, héritera de ma maison.

En conséquence, le départ des trois fils fut arrêté. Ils décidèrent qu'ils deviendraient, l'un maréchal-ferrant, l'autre barbier, et le troisième maître d'armes. Ils fixèrent ensuite **un jour** et une heure où ils se retrouveraient dans la suite, pour revenir ensemble sous le toit paternel. Ces conventions arrêtées, ils partirent.

Or, il arriva que les trois frères eurent le bonheur de rencontrer chacun un maître consommé dans le métier qu'ils voulaient apprendre. C'est ainsi que notre maréchal-ferrant ne tarda pas à être chargé de ferrer les chevaux du roi; aussi pensa-t-il dans sa barbe :

—Mes frères seront bien habiles s'ils me disputent la maison.

De son côté, le jeune barbier eut bientôt pour pratiques les plus grands seigneurs de la cour, si bien qu'il se flattait aussi d'hériter de la maison à la barbe de ses frères.

Quant au maître d'armes, avant de connaître tous les secrets de son art, il dut recevoir plus d'un bon coup d'estoc et de taille; mais la récompense promise soutenait son courage, en même temps qu'il exerçait son œil et sa main.

Quand l'époque fixée pour le retour fut arrivée, les trois frères se réunirent à l'endroit convenu, puis ils regagnèrent ensemble la maison de leur père.

Le soir même de leur retour, tandis qu'ils étaient assis tous quatre devant la porte, ils aperçurent un lièvre qui accourait à travers champs de leur côté.

—Bravo! dit le barbier, voici une pratique qui vient fort à propos pour me fournir l'occasion de montrer mon savoir-faire!

En prononçant ces mots, notre homme prenait savon et bassin et préparait sa blanche mousse.

Quand le lièvre fut parvenu à proximité, il courut à sa poursuite, le rejoignit, et tout en galopant de concert avec le léger animal, il lui barbouilla le nez de savon, puis d'un seul coup de raseoir il lui enleva la moustache, sans lui faire la plus petite coupure, et sans oublier le plus petit poil.

— Voilà qui est travaillé! dit

le père. Il faudra que tes frères soient bien habiles pour te disputer la maison.

Quelques moments après, on vit arriver à toute bride un cheval fringant attelé à une légère voiture.

— Je sais vous donner un échantillon de mon adresse, dit à son tour le maréchal-ferrant.

A ces mots, il s'élança sur la trace du cheval, et bien que celui-ci redoublât de vitesse, il lui enleva les quatre fers auquel il en substitua quatre autres; et tout cela en moins d'une minute, le plus aisément du monde et sans ralentir la course du cheval.

— Tu es un artiste accompli,

5

s'écria le père ; tu es aussi sûr de ton affaire, que ton frère l'est de la siennne ; et je ne saurais en vérité décider lequel de vous deux mérite le plus la maison.

— Attendez que j'aie aussi fait mes preuves, dit alors le troisième fils !

La pluie commençait à tomber en ce moment.

Notre homme tira son épée, et se mit à en décrire des cercles si rapides au-dessus de sa tête, que pas une seule goutte d'eau ne tomba sur lui ; la pluie redoublant de force, ce fut bientôt comme si on la versait à seaux des hauteurs du ciel. Cependant notre maître d'armes qui s'était borné à agiter son épée toujours plus vite, demeurait à sec sous son arme, comme s'il eût été sous un parapluie ou sous un toit.

A cette vue, l'admiration de l'heureux père fut au comble, et il s'écria :

— C'est toi qui as donné la preuve d'adresse la plus étonnante ; c'est à toi que revient la maison.

Les deux fils aînés approuvèrent cette décision, et joignirent leurs éloges à ceux de leur père. Ensuite, comme ils s'aimaient tous trois beaucoup, ils ne voulurent pas se séparer, et continuèrent de vivre ensemble dans la maison paternelle, où ils exercèrent chacun leur métier. Leur

réputation d'habileté s'étendit
au loin, et ils devinrent bientôt
riches. C'est ainsi qu'ils vécu-
rent heureux et considérés jusqu'à
un âge très-avancé; et lorsqu'enfin l'aîné tomba malade et mou-
rut, les deux autres en prirent
un tel chagrin qu'ils ne tardè-
rent pas à le suivre.

On leur rendit les derniers
devoirs. Le pasteur de la commune fit observer avec raison
que trois frères qui, pendant leur
vie avaient été doués d'une si
grande adresse et unis par une
si touchante amitié, ne devaient
pas non plus être séparés dans la
mort. En conséquence, on les
plaça tous trois dans le même
tombeau.

L'AIEUL ET LE PETIT-FILS.

Il y avait une fois un homme vieux, vieux comme les pierres. Ses yeux voyaient à peine, ses oreilles n'entendaient guère, et ses genoux chancelaient. Un jour, à table, ne pouvant plus tenir sa cuiller, il répandit de la soupe sur la nappe, et même un peu sur sa barbe.

Son fils et sa bru en prirent du dégoût, et désormais le vieillard mangea seul, derrière le poêle, dans un petit plat de terre à peine rempli. Aussi regardait-il tristement du côté de la table, et des larmes roulaient sous ses paupières; si bien qu'un autre jour, échappant à ses mains tremblantes, le plat sebrisa sur le parquet.

Les jeunes gens le grondèrent, et le vieillard poussa un soupir; alors ils lui donnèrent pour manger une écuelle de bois.

Or, un soir qu'ils soupaient à table, tandis que le bonhomme était dans son coin, ils virent leur fils, âgé de quatre ans, assembler par terre de petites planches.

— Que fais-tu là? lui demandèrent-ils.

— Une petite écuelle, répondit le garçon, pour faire manger papa et maman quand je serai marié.....

L'homme et la femme se

regardèrent en silence...; des larmes leur vinrent aux yeux. Ils rappelèrent entre eux l'aïeul qui ne quitta plus la table de famille.

———

LES TROIS FAINÉANTS.

Un roi avait trois fils qu'il aimait également, et il ne savait auquel d'entre eux laisser sa couronne. Lorsqu'il se sentit près de mourir, il les fit venir, et leur dit :

— Mes chers enfants, il est temps que je vous fasse connaître ma dernière volonté : j'ai décidé que celui d'entre vous qui serait le plus fainéant, hériterait de mes états

A ces mots, l'aîné prenant la parole :

— C'est donc a moi, mon père, dit-il, que revient votre sceptre; car je suis tellement fainéant, que, le soir, j'ai beau tomber de fatigue et de sommeil, je n'ai pas le courage de fermer mes yeux pour dormir.

Le cadet dit à son tour :

—C'est donc à moi, mon père, qu'appartient votre couronne, car je suis si fainéant, que lorsque je me trouve assis devant le feu, et que je sens la flamme me brûler les jambes, j'aime mieux les laisser rôtir, que de faire un mouvement pour les retirer.

Le troisième reprit :

— Mon père, personne plus
que moi n'a droit à vous succé-
der, car telle est ma fainéantise
que si j'étais condamné à être
pendu, que j'eusse déjà la
corde autour du cou, et qu'au
moment d'être étranglé, que
quelqu'un me tendît un couteau
pour couper la corde, je pré-
férerais subir mon triste sort
plutôt que de me déranger pour
prendre ce couteau.

Le roi répondit aussitôt :

— C'est à toi que revient ma
couronne.

————

LE CLOU.

Un marchand avait fait de bonnes affaires à la foire; il avait vendu toutes ses marchandises, et bien garni son sac de monnaies d'or et d'argent. Il s'était mis en route vers sa demeure où il désirait arriver ce même jour encore avant la tombée de la nuit. Il cheminait donc à cheval, son lourd portemanteau solidement attaché derrière la selle. Vers l'heure du dîner, il fit halte dans une ville, et lorsqu'il voulut se remettre en route, le valet d'écurie, qui lui amena son cheval, lui dit :

— Monsieur ne sait pas sans doute qu'il manque un clou

au fer gauche de derrière son cheval.

— Ne t'en inquiète pas, répondit le marchand, le fer n'en tiendra pas moins pendant les six lieues au plus qu'il reste à faire. Je suis pressé.

Vers l'heure du goûter, il s'arrêta de nouveau pour faire donner l'avoine à sa monture. Le garçon d'écurie ne tarda pas à venir le trouver dans l'auberge.

—Monsieur ne sait pas, sans doute, lui dit-il, qu'il manque un fer au pied gauche de derrière de son cheval. Dois-je le conduire chez le maréchal?

— Ne t'en inquiète pas, répondit le marchand, pour une couple de lieues qu'il me reste à faire, mon cheval se passera bien de ce fer. Je suis pressé.

Il se remit en route. Mais bientôt après le cheval boita; il n'y avait pas longtemps qu'il boitait, lorsqu'il commença à trébucher; il eut à peine trébuché deux ou trois fois, qu'il s'abattit et se cassa une jambe. Le marchand fut obligé de laisser là son cheval gisant, de déboucler son portemanteau, de le placer sur son dos et de regagner à pied son logis, où il n'arriva que très-avant dans la nuit.

C'est pourtant ce maudit clou que j'ai négligé de faire

remettre, qui a été cause de tout mon malheur, pensait-il en marchant d'un air sombre.

LE PETIT PATRE.

Un petit pâtre s'était rendu célèbre par la sagesse avec laquelle il répondait aux questions qui lui étaient adressées. Le bruit de sa réputation parvint jusqu'aux oreilles du roi qui n'en voulut rien croire, fit venir le petit garçon, et lui dit :

— Si tu parviens à répondre aux questions que je vais te poser, je te regarderai désormais comme mon fils, et tu habiteras près de moi dans mon palais.

— Sire, quelles sont ces trois questions? demanda le jeune pâtre.

— Voici d'abord la première, reprit le roi : Combien de gouttes d'eau y a-t-il dans la mer?

Le petit pâtre répondit :

— Sire, commencez par faire boucher tous les fleuves et les rivières de la terre, de manière qu'il n'en coule plus une seule goutte d'eau dans la mer jusqu'à ce que j'aie fait mon calcul; alors je vous dirai combien la mer renferme de gouttes.

Le roi reprit :

— Ma seconde question est celle-ci : Combien y a-t-il d'étoiles dans le ciel?

Le petit pâtre répondit :

— Sire, donnez-moi une grande feuille de papier blanc.

Puis le jeune garçon fit avec une plume un si grand nombre de petits points serrés sur toute la surface du papier, et si fins, qu'on les apercevait à peine et qu'il était de toute impossibilité de les compter; rien qu'à vouloir l'essayer, les yeux étaient éblouis. Cette besogne terminée, il dit au roi :

— Il y a autant d'étoiles dans le ciel, que de points sur cette feuille de papier; daignez les compter.

Personne n'y put réussir.

Le roi prenant de nouveau la parole :

—Ma troisième question a pour

but de savoir de combien de secondes se compose l'éternité.

Le jeune pâtre répondit :

— Au delà de la Poméranie se trouve la montagne de diamant. Cette montagne a une lieue de hauteur, une lieue de largeur et une lieue de profondeur. Tous les cent ans, un oiseau vient s'y poser, gratte la montagne avec son bec et enlève une parcelle de diamant; quand il aura de la sorte fait disparaître le mont tout entier, la première seconde de l'éternité sera écoulée.

Le roi repartit :

— Tu as répondu comme un sage à mes trois questions; désormais tu resteras près de

moi dans mon palais, et je te regarderai comme mon fils.

———

LE PAYSAN ET LE DIABLE.

Il y avait une fois un paysan
adroit et rusé, dont les bons
tours étaient connus à plusieurs
lieues à la ronde. La plus plai-
sante de ses malices est celle
à laquelle le diable lui-même
se laissa prendre, à sa grande
confusion.

Un soir que notre paysan se
disposait à regagner son logis,
après avoir labouré son champ
pendant une bonne partie de la
journée, il aperçut, au milieu
des sillons qu'il avait tracés, un
petit tas de charbons embrasés.

Il s'en approcha plein d'étonnement, et vit un petit diable tout noir, qui était assis au milieu des braises ardentes.

— Il me semble que tu es assis sur ton trésor, lui dit le paysan.

— Tu devines juste, répondit le diable, sur mon trésor qui contient plus d'or et d'argent que tu n'en as vu depuis que tu es au monde.

— Ce trésor se trouve dans mon champ; en conséquence, il m'appartient, reprit le paysan.

— Il est à toi, repartit le diable, si pendant deux années tu consens à partager ta récolte avec moi : j'ai assez d'argent comme cela, je désirerais maintenant posséder quelques fruits de la terre.

Le paysan accepta le marché.

— Pour éviter toute contestation lorsque viendra le partage, ajouta le rustre matois, il sera entendu que tout ce qui sera sur terre t'appartiendra; à moi, au contraire, tout ce qui sera au-dessous du sol.

Le diable souscrivit volontiers à ces conditions. Cependant notre rusé paysan sema tout son champ de raves. Quand l'époque de la récolte fut arrivée, le diable se présenta et voulut emporter sa part du produit, mais il ne trouva que des feuilles jaunes et flétries. Quant au paysan, il déterra tout joyeux ses raves.

— L'avantage a été pour toi cette fois-ci, dit le diable, mais la fois prochaine ce sera mon tour. J'entends qu'à la future récolte ce qui se trouvera sous terre m'appartienne; à toi, au contraire, ce qui sera au-dessus du sol.

— C'est dit, répondit le paysan.

Cependant quand le temps des semailles fut venu, le paysan sema, non plus des raves, mais du froment. La moisson étant mûre, notre rusé compère retourna au champ et coupa au pied les tiges des épis, si bien que lorsque le diable arriva à son tour, il ne trouva plus que les pointes de la paille et les racines. Dans sa rage et sa confusion, il alla se cacher au fond d'un abîme.

C'est ainsi qu'il faut berner les renards, dit le paysan, en allant ramasser son trésor.

———

LES TROIS VIEUX.

Le nouveau pasteur du village d'Œst, passant un jour devant une ferme dépendante de sa commune, mais située à l'écart au milieu des champs, aperçut, assis sur un banc de pierre auprès de la porte, un vieillard en cheveux blancs qui pleurait à chaudes larmes.

— Qu'avez-vous donc, pour vous désoler ainsi? lui demanda

avec intérêt le bon pasteur.

— Hélas! répondit en sanglotant le vieillard, je pleure parce que mon père m'a battu!

Ces paroles, comme bien on pense, excitèrent au plus haut point l'étonnement du vénérable pasteur. Il se hâta de descendre de cheval, et d'entrer dans la maison. A peine franchissait-il le seuil, qu'il aperçut un autre vieillard beaucoup plus âgé que le premier, et dont les traits annonçaient une agitation violente.

— Qui peut vous émouvoir ainsi, mon père? lui demanda avec intérêt le bon pasteur.

— Ne m'en parlez pas! répondit le vieillard encore tout

tremblant de colère! est-ce que mon étourdi de fils n'a pas eu la maladresse de faire tomber mon père!

Pour le coup, le bon pasteur ne voulait point croire ses oreilles, mais il dut bien se rendre au témoignage de ses yeux qui, en se tournant vers la cheminée, aperçurent assis dans un fauteuil au bord du feu un troisième vieillard au dos tout voûté par l'âge mais d'un air encore vigoureux.

— A coup sûr, se dit le pasteur, ces hommes-là sont de la race des patriarches! ils n'auront pas fait d'excès dans leur jeunesse!

LE LINCEUL.

Une femme avait un fils âgé de sept ans. Cet enfant était si beau et si bon, qu'on ne pouvait le voir sans l'aimer ; aussi était-il plus cher à sa mère que le monde entier.

Il arriva que le petit garçon tomba tout-à-coup malade et que le bon Dieu le rappela à lui.

La pauvre mère fut inconsolable et passa les jours et les nuits à pleurer.

Peu de temps après qu'on l'eut mis en terre, l'enfant apparut, pendant la nuit, à la même place où il avait coutume de s'asseoir et de jouer lorsqu'il était encore en vie. Voyant sa mère pleurer, il fondit lui-même en larmes; et quand vint le jour, il avait disparu.

Cependant, comme la malheureuse mère ne mettait point de terme à ses pleurs, l'enfant vint une nuit dans le blanc linceul où il avait été enseveli et avec sa couronne de mort sur la tête; il s'assit sur le lit, aux pieds de sa mère, et lui dit :

— Hélas ! ma bonne mère, cesse de murmurer contre les décrets de Dieu, cesse de pleurer, sans quoi il me sera impossible de dormir dans mon cercueil, car mon linceul est tout mouillé de tes larmes, qui retombent sur lui.

6

Ces paroles effrayèrent la pauvre femme, qui dès-lors arrêta ses pleurs.

La nuit suivante, l'enfant revint de nouveau, portant dans la main une petite lumière. Il dit à sa mère :

— Tu le vois, mon linceul est déjà sec et j'ai trouvé le repos dans ma tombe.

Alors la malheureuse mère offrit à Dieu sa douleur, la supporta désormais avec calme et patience; et l'enfant ne revint plus.

Il dormait maintenant dans son lit souterrain.

————

LA MORT LA PLUS DOUCE POUR LES CRIMINELS.

On a cru longtemps que c'était la mort instantanée. On s'est trompé. Voici qui le prouvera.

Un homme qui naguère avait rendu de grands services à sa patrie, et qui, par conséquent, était bien noté près du prince, eut le malheur, dans un moment d'égarement et de passion, de commettre un crime par suite duquel il fut jugé et condamné à mort. Prières et supplications n'y purent rien : on décida qu'il subirait son arrêt. Toutefois, eu égard à ses bons antécédents le prince lui laissa le choix de son genre de mort. En conséquence, l'huissier criminel alla le trouver dans sa prison et lui dit :

— Le prince qui se souvient de vos anciens services, veut vous accorder une faveur : il a donc décidé qu'on vous laisserait le choix de votre genre de mort. Souvenez-vous seulement d'une chose, c'est qu'il faut que vous mouriez.

Notre homme répondit :

— Puisqu'il est entendu que je dois mourir, tout en déplorant la rigueur d'un destin cruel, je vous avouerai franchement que mourir de vieillesse m'a toujours paru la mort la plus douce ; aussi est-ce pour cette mort là que je me décide, puisque le prince a la bonté de me permettre de choisir.

On eut beau lui faire tous les raisonnements du monde, rien n'ébranla son opinion; comme le prince avait donné sa parole, et qu'il n'était pas homme à y manquer, on se vit donc forcé de rendre la liberté au condamné, et d'attendre que la vieillesse se chargeât de mettre à exécution l'arrêt porté contre lui.

———

LE CHOIX D'UNE FEMME.

Un jeune paysan désirait se marier. Il connaissait trois sœurs également belles, si bien qu'il était embarrassé de savoir sur laquelle des trois il ferait tomber son choix. Il demanda conseil à sa mère, qui lui dit :

— Invite-les toutes les trois à une petite collation, et aie soin de placer du fromage sur la table; puis observe attentivement de quelle manière elles le couperont.

Le jeune homme fit comme sa mère lui avait dit.

La première des trois sœurs enleva son morceau de fromage avec la croûte.

La seconde s'empressa de séparer la croûte de son morceau; mais dans son empressement elle en coupa la croûte, de telle sorte, qu'il y resta encore beaucoup de fromage.

La troisième détacha la croûte avec soin, si bien qu'elle ne rejeta de son morceau ni trop, ni trop peu.

Le jeune paysan raconta à sa mère le résultat de ses observations.

— C'est la troisième qu'il te faut prendre pour femme, lui dit-elle.

Il suivit ce conseil, et fut un mari heureux et content.

LE MEILLEUR SOUHAIT.

Trois joyeux compagnons étaient attablés à l'auberge de l'Agneau, à Kehl, mangeant et buvant ; et tandis qu'ils vidaient une dernière bouteille, ils se mirent bientôt à bavarder à faire tort et à travers, puis enfin à des souhaits. Il fut décidé que chacun formerait un vœu : celui qui émettrait le meilleur souhait, devait être dispensé de payer son écot.

Le premier prenant la parole :

— Je souhaite donc, dit-il, que tous les fossés des fortifications de Strasbourg et de Kehl soient remplis de fines aiguilles, et que chacune de ces aiguilles soit placée entre les doigts agiles d'un tailleur, et que chacun de ces doigts soit occupé du matin au soir pendant une annéo, à me confectionner des sacs de la capacité d'un hecto-litre; et si alors tous ces sacs se trouvaient pleins de doubles doublons à moi appartenant, je m'estimerais satisfait.

Le second dit à son tour :

— Moi, je voudrais que la cathédrale de Strasbourg tout entière, fût remplie jusqu'à la pointe de son clocher de lettres de change à mon ordre, écrites sur le papier le plus fin, que chacune de ces lettres de change représentât une valeur égale au contenu de tous tes sacs à la fois, et que le tout m'appar-tînt.

— Et moi, reprit le troisième, je voudrais que vos deux sou-

haits s'accomplissent, qu'ensuite vous fussiez le plus tô'
possible deux grands saints dans
le ciel, et que je fusse votre
seul héritier.

Ce fut le troisième qui sortit
de l'auberge sans payer l'écot.

FIN

TABLE

FIN DE LA TABLE.

Imp. Eugène Ardant et Cie.

Original en couleur

NF Z 43-120-8

www.ingramcontent.com/pod-product-compliance
Lightning Source LLC
Chambersburg PA
CBHW052129090426

42741CB00009B/2011